Die Post-Quanten-Kryptographie. Ein Überblick

Lukas Meinl

Bibliografische Information der Deutschen Nationalbibliothek:

Die Deutsche Nationalbibliothek verzeichnet diese Publikation in der Deutschen Nationalbibliografie; detaillierte bibliografische Daten sind im Internet über http://dnb.d-nb.de abrufbar.

ISBN: 9783346404909
Dieses Buch ist auch als E-Book erhältlich.

Druck und Bindung: Books on Demand GmbH, Norderstedt Germany
Gedruckt auf säurefreiem Papier aus verantwortungsvollen Quellen

Das vorliegende Werk wurde sorgfältig erarbeitet. Dennoch übernehmen Autoren und Verlag für die Richtigkeit von Angaben, Hinweisen, Links und Ratschlägen sowie eventuelle Druckfehler keine Haftung.

Das Buch bei GRIN: https://www.grin.com/document/1012879

Ein Überblick über die Post-Quanten-Kryptographie

Lukas Meinl

Seminararbeit
Fachgebiet Telematik/Rechnernetze
Technische Universität Ilmenau

In den letzten Jahren wurde umfangreich an Quantencomputern geforscht - Maschinen, die die Netzwerksicherheit bedrohen. Denn ein großer Quantencomputer wäre in der Lage die derzeit verwendeten Kryptosysteme mit öffentlichem Schlüssel zu brechen. Dadurch wäre die Integrität und Vertraulichkeit der digitalen Kommunikation gefährdet. Die Post-Quanten-Kryptographie (auch als quantenresistente Kryptographie bezeichnet) beschäftigt sich mit Kryptosystemen, die sowohl gegen Quanten- als auch gegen klassische Computer sicher sind. In dieser Arbeit werden drei quantenresistente kryptographische Klassen mit ihren klassischen Vertretern vorgestellt: die hashbasierte Kryptographie mit dem Merkle-Signaturverfahren (MSS), die Codierungstheorie-basierte Kryptographie mit Classic McEliece und die gitterbasierte Kryptographie mit NTRU. Eine Weiterentwicklung von MSS, XMSS, stellt dabei eine quantenresistente Alternative für das Verifizieren von Firmware-Updates dar. Classic McEliece ist ein konservatives Schlüsseleinigungsverfahren, bei dem hohes Vertrauen in die Sicherheit besteht. NTRU hingegen ist ein eher neues Schlüsseleinigungsverfahren, was zwar effizienter ist, aber bei dem das Vertrauen in die Sicherheit noch fehlt.

1 Einleitung

Die heutige Netzwerksicherheit beruht größtenteils auf der Public-Key-Kryptographie, welche sich letztendlich auf die vermutete Komplexität zweier mathematischer Probleme stützt: die Primfaktorzerlegung von großen Zahlen und die Berechnung des diskreten Logarithmus. Mit heutigen Mitteln können diese Probleme nicht effizient gelöst werden. Somit sind auch die gängigen Public-Key-Verfahren wie RSA [32] nicht zu brechen [37, S. 4].

Allerdings wurde bereits 1994 von Shor [35] gezeigt, dass die oben beschriebenen Probleme effizient durch Quantencomputer lösbar sind. Diese waren aber zur damaligen Zeit noch ein rein hypothetisches Konzept. Das Bundesamt für Sicherheit in der Informationstechnik (BSI) hat in der Studie *Entwicklungsstand Quantencomputer* gezeigt, dass kurzfristig nicht mit kryptographisch relevanten Quantencomputern zu rechnen ist [36, S.19].

Trotzdem ist die Bedrohung der Quantencomputer ernst zu nehmen. Zum einen gibt es ein regelrechtes „Rennen" großer Konzerne um die Entwicklung leistungsfähiger Quantencomputer.

Zum anderen sind Informationen mit langem Geheimhaltungsfristen und hohem Schutzbedarf bedroht. Potenzielle Angreifer könnten solche Daten auf Vorrat sammeln und in der Zukunft mit einem Quantencomputer entschlüsseln („store now, decrypt later") [37, S. 4].

Aufgrund dessen hat das BSI eine Handlungsempfehlungen [37] herausgegeben, in der u.a. quantenresistente Verfahren vorgestellt werden. Auch das National Institute of Standards and Technology (NIST) hat bereits 2016 einen Prozess eingeleitet, um quantenresistente kryptographische Algorithmen mit öffentlichem Schlüssel zu standardisieren [39]. Dies zeigt noch einmal, dass die Bedrohung der Netzwerksicherheit, die von Quantencomputern ausgeht, ernst zu nehmen ist.

Abgesehen von der Public-Key-Kryptographie sind sowohl symmetrische Verfahren wie AES [15] als auch kryptographische Hashfunktionen von Quantencomputern bedroht. Genauer gesagt können mithilfe von Grover's Algorithmus [19] Brute-Force Angriffe asymptotisch deutlich beschleunigt werden [37, S. 4].

Die Frage, die sich jetzt stellt, ist: Gibt es überhaupt noch Publik-Key-Verfahren, die quantenresistent sind? Die Antwort darauf ist: Ja. Betrachtet man die Problematik genauer erkennt man, dass es keine Rechtfertigung für die Folgerung von „Quantencomputer brechen Verfahren wie RSA" zu „Quantencomputer brechen Kryptographie" gibt. Es gibt bedeutend mehr kryptographische Klassen jenseits von Eliptische-Kurven und Galoiskörper-Kryptographie [8, S. 1–2]:

- **Hashbasierte Kryptographie** (Abschnitt 2). Das klassische Beispiel ist das Merkle-Signaturverfahren (MSS) [28], aufbauend auf einem Einmal-Signaturverfahren von Lamport und Diffie.

- **Codierungstheorie-basierte Kryptographie** (Abschnitt 3). Das klassische Beispiel ist das McEliece-Kryptosystem [25].

- **Gitterbasierte Kryptographie** (Abschnitt 4). Ein berühmtes, historisch gesehen nicht das erste Beispiel ist das Hoffstein-Pipher-Silverman „NTRU"-Verfahren [21].

- **Multivariate Kryptographie.** Eines von vielen interessanten Beispielen ist Patarin's „HFE^{v-}"-Signaturverfahren [31], das einen Vorschlag von Matsumoto und Imai verallgemeinert.

- **Symmetrische Kryptographie.** Das führende Beispiel ist die Daemen-Rijmen „Rijndael" -Verschlüsselung, später umbenannt in AES [15].

- **Quantenkryptographie.** Im Gegensatz zu den anderen hier genannten kryptographischen Klassen beruht die Sicherheit dieser Klasse auf der Quantenmechanik und benötigt eine Informationsübertragung in Qubits, nicht Bits. Ein klassisches Beispiel ist das BB84 Protokoll [6] von Bennett und Brassard.

Es wird angenommen, dass alle diese Systeme klassischen Computern und Quantencomputern widerstehen. Niemand hat bis jetzt einen Weg gefunden, Shor's Algorithmus auf eins dieser Systeme anzuwenden [8, S. 2]. Damit symmetrische Verfahren und Hashfunktionen weiter sicher bleiben, muss jedoch aufgrund von Grover's Algorithmus die Schlüssellängen bzw. die Länge der Ausgabe erhöht werden [1, S. 2].

In dieser Arbeit werden drei ausgewählte kryptographischen Klassen vorgestellt, aus denen Public-Key-Verfahren für die Post-Quanten-Kryptographie hervorgehen. Zuerst wird dabei die hashbasierte Kryptographie beleuchtet. Sie liefert quantenresistente Signaturverfahren. Dabei wird zuerst das Merkle-Signaturverfahren (MSS) [28] vorgestellt. Dieses Verfahren wurde bereits 1979 von Merkle vorgestellt und bildet die Grundlage für das quantenresistente, bereits standardisierte [34] Signaturverfahren XMSS (eXtended Merkle Signature Scheme) [11]. Darauffolgend wird die Klasse der Codierungstheorie-basierten Kryptographie mit ihrem klassischen Vertreter, das McEliece Kryptosystem, vorgestellt. Aufbauend auf diesem Kryptosystem wird dann das Classic McEliece Verfahren vorgestellt, welches zu den Finalisten der 3. Runde der Ausschreibung der NIST gehört. Zuletzt wird NTRU, ein vielversprechender Vertreter der gitterbasierten Kryptographie, vorgestellt. Auch hier ist eine modernisierte Variante Finalist der NIST Ausschreibung.

2 Hashbasierte Signaturen

In der Netzwerksicherheit ist es von hoher Wichtigkeit, sicher nachzuweisen, wer eine Nachricht verfasst hat. Dies ist mit sogenannten digitalen Signaturen möglich, welche uns Integrität, Authentizität und Nichtabstreitbarkeit liefern. Die heute in der Praxis verwendeten Algorithmen für digitale Signaturen sind RSA [32], DSA [17] und ECDSA [23]. Sie sind nicht quantenresistent, da ihre Sicherheit auf der Komplexität beruht, die Primfaktorzerlegung von großen Zahlen bzw. den diskreten Logarithmus zu berechnen.

Die Klasse der hashbasierten Signaturverfahren ist dabei eine interessante Alternative. Deren Sicherheit beruht einzig und allein auf der Kollisionsresistenz und Unumkehrbarkeit der genutzten Hashfunktion. Der Vorteil ist, dass die Hashfunktion ausgetauscht werden kann, ohne das Signaturverfahren anpassen zu müssen. Die Konstruktion sicherer Signaturverfahren ist also unabhängig von schweren algorithmischen Problemen in der Zahlentheorie oder Algebra. Infolgedessen sind hashbasierte Signaturverfahren die wichtigsten Kandidaten für die Post-Quanten Signaturen [8, S. 35–36] [10, S. 1–4]. Die folgenden Abschnitte zum Lamport-Diffie Einmal-Signaturverfahren (LD-OTS) und Merkle-Signaturverfahren (MSS) sind größtenteils sinngemäß aus [8, S. 35–93] übersetzt und zusammengefasst worden.

2.1 Definitionen

In diesem Abschnitt werden einige wichtige Definitionen vorgestellt, welche für das Verständnis der im weiteren Verlauf vorgestellten Verfahren von wichtiger Bedeutung sind.

Definition 2.1 (Hashfunktion [27, S. 322–324]). Eine Funktion g heißt Hashfunktion, falls sie die folgenden zwei Eigenschaften erfüllt:

- *Komprimierung* - g bildet eine Eingabe x mit beliebiger, endlicher Bitlänge auf eine Ausgabe $g(x)$ mit fester Bitlänge n ab.

- *Effiziente Berechnung* - Gegeben g und einer Eingabe x ist $g(x)$ leicht zu berechnen.

Eine Hashfunktion g heißt **Einweg-Hashfunktion**, falls sie folgende Bedingungen erfüllt:

- *Unumkehrbarkeit* (englisch: „preimage resistance"): Es ist praktisch unmöglich zu einem gegebenen Bild y ein Urbild x zu finden, so dass $g(x) = y$ gilt.

3

- *Schwache Kollisionsresistenz* (englisch: „2nd-preimage resistance"): Es ist praktisch unmöglich zu einem gegebenen Urbild x ein zweites Urbild $x' \neq x$ zu finden, dass auf denselben Wert $g(x') = g(x)$ abgebildet wird.

Für eine **kryptographische** bzw. **kollisionsresistente Hashfunktion** gilt zusätzlich:

- *Starke Kollisionsresistenz* (englisch: „collision resistance"): Es ist praktisch unmöglich zwei verschiedene Urbilder $x \neq x'$ zu finden, so dass $g(x) = g(x')$ gilt.

Definition 2.2 (Perfect Forward Secrecy [27, Def. 12.16, S. 496]). Ein Protokoll/Verfahren hat die Eigenschaft der Perfect Forward Secrecy (PFS), auch bekannt als Forward Secrecy (FS), falls die Kompromittierung von Langzeitschlüsseln frühere Sitzungsschlüssel nicht beeinträchtigt.

2.2 Lamport-Diffie Einmal-Signaturverfahren

In diesem Abschnitt wird das Lamport-Diffie Einmal-Signaturverfahren (LD-OTS) [24] vorgestellt, dessen Sicherheit allein auf einer kryptographischen Hashfunktion beruht. Dabei kann der Signaturschlüssel nur ein einziges Mal für das Signieren einer Nachricht verwendet werden. Der Grund dafür ist, dass durch die Signatur bereits die Hälfte des Signaturschlüssels veröffentlicht wird. Werden jetzt also mehrere Nachrichten mit demselben Signaturschlüssel signiert, dann kann ein Angreifer durch das Abfangen dieser Signaturen den Signaturschlüssel zu einem großen Teil (über 50 %, falls die Nachrichten verschieden sind) rekonstruieren und daraufhin neue, valide Signaturen erstellen. Im Folgenden werden zunächst die Schlüsselgenerierung, dann der Signaturalgorithmus und schließlich der Verifikationsalgorithmus beschrieben [8, S.36–38] [5, S. 3]. Dabei ist $n \in \mathbb{N}$ der Sicherheitsparameter des LD-OTSs.

2.2.1 Schlüsselgenerierung

Sei $g : \{0,1\}^* \rightarrow \{0,1\}^n$ eine kollisionsresistente Hashfunktion. Der Signaturschlüssel X besteht aus $2n$ vielen Bitwörtern der Länge n, welche zufällig generiert werden,

$$X = (x_{n-1}[0], x_{n-1}[1], \ldots, x_1[0], x_1[1], x_0[0], x_0[1]) \in \{0,1\}^{n \times 2n}. \tag{1}$$

Der Verifikationsschlüssel Y ist

$$Y = (y_{n-1}[0], y_{n-1}[1], \ldots, y_1[0], y_1[1], y_0[0], y_0[1]) \in \{0,1\}^{n \times 2n} \tag{2}$$

mit

$$y_i[j] = g(x_i[j]), \ 0 \leq i \leq n - 1, j \in \{0, 1\}. \tag{3}$$

2.2.2 Signieren einer Nachricht

Gegeben sei eine Nachricht $M \in \{0,1\}^*$ und ein Signaturschlüssel X. Sei

$$d = g(M) = (d_{n-1}, \ldots, d_0) \tag{4}$$

die Bitdarstellung des Hashwertes der Nachricht. Dann ist

$$\sigma = (x_{n-1}[d_{n-1}], \ldots, x_1[d_1], x_0[d_0]) \in \{0,1\}^{n \times n} \tag{5}$$

die LD-OTS Signatur von M.

2.2.3 Verifizieren einer Nachricht

Gegeben sei eine Signatur $\sigma = (\sigma_{n-1}, \ldots, \sigma_0)$ einer Nachricht M. Um die Signatur zu verifizieren wird zuerst $d = (d_{n-1}, \ldots, d_0)$ berechnet. Danach wird die folgende Gleichheit

$$(g(\sigma_{n-1}), \ldots, g(\sigma_0)) \stackrel{?}{=} (y_{n-1}[d_{n-1}], \ldots, y_1[d_1], y_0[d_0]) \tag{6}$$

überprüft. Gilt sie, ist die Signatur verifiziert.

2.3 Merkle-Signatur

Das im letzten Abschnitt eingeführte LD-OTS ist für die meisten praktischen Situationen unzureichend, da jedes Schlüsselpaar nur für genau eine Signatur verwendet werden kann. 1979 schlug Merkle eine Lösung für dieses Problem vor [28]. Seine Idee ist es, einen vollständigen binären Hash-Baum zu verwenden, um eine beliebige, aber feste Anzahl von Einmal-Signaturen mit einem einzigen öffentlichen Schlüssel, die Wurzel des Hash-Baums, zu verifizieren. Das Merkle-Signaturverfahren (MSS) funktioniert mit jeder kryptografischen Hashfunktion und jedem Einmal-Signaturverfahren. Im Folgenden sei $g : \{0,1\}^* \to \{0,1\}^n$ eine kryptographische Hashfunktion. Außerdem wurde ein Einmal-Signaturverfahren fest gewählt [8, S. 40–44].

2.3.1 Schlüsselgenerierung

Zuerst wird $H \in \mathbb{N}, H \geq 2$, die Höhe des Merkle-Baums, festgelegt. Danach generiert der Signierer 2^H viele Einmal-Signaturpaare $(X_j, Y_j), 0 \leq j < 2^H$. Dabei ist X_j der Signaturschlüssel und Y_j der Verifikationsschlüssel. Die Blätter des Merkle-Baums sind die Hashwerte $g(Y_j), 0 \leq j < 2^H$. Die inneren Knoten des Merkle-Baums werden wie folgt berechnet: Ein Elternknoten ist der Hashwert der Verkettung seiner linken und rechten Kinder. Der öffentliche Merkle-Signaturschlüssel ist die Wurzel des Merkle-Baums. Der private Merkle-Signaturschlüssel ist die Sequenz der 2^H vielen Einmal-Signaturpaaren. Genauer gesagt, bezeichnet man jeden Knoten des Merkle-Baums mit $v_h[j], 0 \leq j < 2^{H-h}$, wobei $h \in \{0, \ldots, H\}$ die Höhe des Knotens bezeichnet, dann gilt

$$v_h[j] = g(v_{h-1}[2j] || v_{h-1}[2j+1]), \quad 1 \leq h \leq H, 0 \leq j < 2^{H-h}. \tag{7}$$

Abbildung 1 zeigt einen Merkle-Baum der Höhe $H = 3$.

Dabei ist zu beachten, dass mit einem Merkle-Baum der Höhe H genau 2^H viele Dokumente signiert bzw. verifiziert werden können. Dies ist ein wichtiger Unterschied zu Verfahren wie RSA und ECDSA, welche mit einem öffentlichen Schlüssel beliebig viele Dokumente signieren bzw. verifizieren können.

2.3.2 Signieren einer Nachricht

Das MSS verwendet die einmaligen Signaturschlüssel nacheinander für die Signaturgenerierung. Um eine Nachricht M zu signieren, berechnet man zuerst den n-bit Hashwert $d = g(M)$. Dann wird die Einmal-Signatur σ_{OTS} des Hashwerts erzeugt unter Verwendung des s-ten einmaligen Signaturschlüssels $X_s, s \in \{0, \ldots, 2^H - 1\}$. Die Merkle-Signatur beinhaltet diese Einmal-Signatur

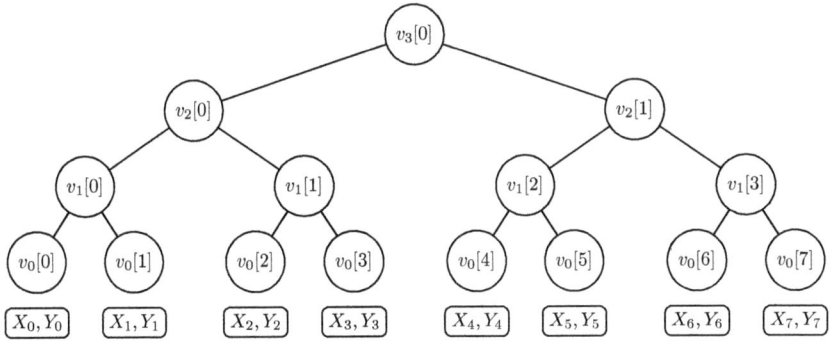

Abbildung 1: Ein Merkle-Baum der Höhe $H = 3$ [8, S. 41]

und den dazugehörigen Verifikationsschlüssel Y_s. Um die Authentizität von Y_s zu verifizieren, wird sowohl der Index s als auch ein Authentifizierungspfad für den Verifizierungsschlüssel Y_s, der eine Folge $A_s = (a_0, \ldots, a_{H-1})$ von Knoten in dem Merkle-Baum ist, benötigt. Dieser Index und der Authentifizierungspfad ermöglichen es dem Prüfer, einen Pfad vom Blatt $g(Y_s)$ zur Wurzel des Merkle-Baums zu erstellen. Der h-te Knoten des Authentifizierungspfades ist der Geschwisterknoten des Knotens, welcher auf dem Pfad vom Blatt $g(Y_s)$ zur Wurzel auf Höhe $h \in \{0, \ldots, H-1\}$ liegt:

$$a_h = \begin{cases} v_h[\lfloor s/2^h \rfloor - 1], & \text{falls } \lfloor s/2^h \rfloor \equiv 1 \mod 2 \\ v_h[\lfloor s/2^h \rfloor + 1], & \text{falls } \lfloor s/2^h \rfloor \equiv 0 \mod 2 \end{cases}. \tag{8}$$

Abbildung 2 zeigt ein Beispiel für $s = 3$. Die s-te Merkle-Signatur ist also

$$\sigma_s = (s, \sigma_{OTS}, Y_s, (a_0, \ldots, a_{H-1})). \tag{9}$$

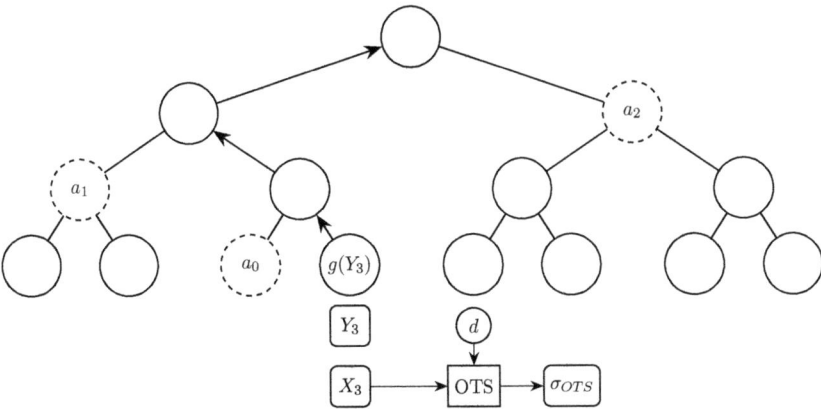

Abbildung 2: Merkle-Signaturerzeugung für $s = 3$. Gestrichelte Knoten bezeichnen den Authentifizierungspfad für das Blatt $g(Y_3)$. Pfeile geben den Weg vom Blatt $g(Y_3)$ zur Wurzel an. [8, S. 43]

2.3.3 Verifizieren einer Nachricht

Die Überprüfung der Merkle-Signatur aus dem vorherigen Abschnitt besteht aus zwei Schritten. Im ersten Schritt verwendet der Verifizierer den einmaligen Verifizierungsschlüssel Y_s, um die einmalige Signatur σ_{OTS} des Hashwerts d mittels des Verifizierungsalgorithmus des jeweiligen einmaligen Signaturschemas zu verifizieren. Im zweiten Schritt validiert der Verifizierer die Authentizität des einmaligen Verifizierungsschlüssels Y_s, indem er den Pfad $(p_0, \ldots, p_H)$ vom s-ten Blatt $g(Y_s)$ zur Wurzel des Merkle-Baums konstruiert. Er verwendet den Index s und den Authentifizierungspfad $(a_0, \ldots, a_{H-1})$ und wendet die folgende Konstruktion

$$p_h = \begin{cases} g(a_{h-1}\|p_{h-1}), & \text{falls } \lfloor s/2^h \rfloor \equiv 1 \mod 2 \\ g(p_{h-1}\|a_{h-1}), & \text{falls } \lfloor s/2^h \rfloor \equiv 0 \mod 2 \end{cases} \tag{10}$$

für $h \in \{1, \ldots, H\}$ und $p_0 = g(Y_s)$ an. Der Index s wird verwendet, um zu entscheiden, in welcher Reihenfolge die Authentifizierungspfadknoten und die Knoten auf dem Pfad vom Blatt $g(Y_s)$ zur Merkle-Baumwurzel verkettet werden sollen. Die Authentifizierung des einmaligen Verifizierungsschlüssels Y_s ist genau dann erfolgreich, wenn p_H dem öffentlichen Schlüssel entspricht.

2.4 XMSS

Das im vorangegangen Abschnitt beschriebene MSS ist für den praktischen Gebrauch nicht relevant, da sowohl der Speicherplatzbedarf zu hoch als auch die Signatur zu groß ist. Dementsprechend gab es in den letzten 40 Jahren viele Verbesserungen, welche das Verfahren praktikabler machen sollten. 2011 stellten Buchmann, Dahmen und Hülsing das hashbasierte Signaturverfahren XMSS (eXtended Merkle Signature Scheme) [11] vor. Ein Verfahren, basierend auf dem MSS, was minimale Sicherheitsanforderungen mit praktikabler Laufzeit und Signaturgröße kombiniert. Dies führte dazu, dass XMSS 2018 von der Internet Engineering Task Force (IETF) standardisiert worden ist (RFC 8391) [34]. Im Folgenden wird die grundlegende Funktionsweise von XMSS beschrieben, um danach die Vor- und Nachteile zu diskutieren.

2.4.1 Grundlegende Funktionsweise von XMSS

Der wesentliche Unterschied von XMSS zu MSS liegt in der Wahl des Einmal-Signaturverfahrens. XMSS nutzt eine modifizierte Version des Winternitz Einmal-Signaturverfahren (W-OTS) [12]. Im Folgenden seien die öffentlich bekannten Parameter von XMSS definiert:

$$\begin{aligned}
n \in \mathbb{N} &: \text{Der Sicherheitsparameter;} \\
w \in \mathbb{N}, w > 1 &: \text{Der Winternitzparameter;} \\
m \in \mathbb{N} &: \text{Die Nachrichtenlänge in Bits;} \\
F_n &: \text{Eine Funktionsfamilie } F_n = \{f_K : \{0,1\}^n \to \{0,1\}^n | K \in \{0,1\}^n\}; \\
\mathcal{H}_n &: \text{Eine Hashfunktionsfamilie } \mathcal{H}_n = \{h_K : \{0,1\}^{2n} \to \{0,1\}^n | K \in \{0,1\}^n\}; \\
H \in \mathbb{N} &: \text{Die Höhe des Baumes;} \\
h_K \in \mathcal{H}_N &: \text{Eine zufällig gewählte Hashfunktion;} \\
x \in \{0,1\}^n &: \text{Ein zufällig gewählter Wert.}
\end{aligned}$$

Das modifizierte W-OTS funktioniert wie folgt [11, Kapitel 2]. Es wird $\log$ für $\log_2$ geschrieben.

Für $K, x \in \{0,1\}^n$, $e \in \mathbb{N}$ und $f_K \in F_n$ sei $f_K^e(x)$ wie folgt definiert. Setze $f_K^0(x) = K$ und für $e > 0$ sei $K' = f_K^{e-1}(x)$ und $f_K^e(x) = f_{K'}(x)$. Dies ist ein zufälliger Durchlauf durch die Funktionsfamilie F_n. Durch diese Modifikation wird keine kollisionsresistente Hashfamilie benötigt. Außerdem definiere

$$l_1 = \left\lceil \frac{m}{\log(w)} \right\rceil, \quad l_2 = \left\lfloor \frac{\log(l_1(w-1))}{\log(w)} \right\rfloor + 1, \quad l = l_1 + l_2 \tag{11}$$

Der Signaturschlüssel vom W-OTS besteht aus l n-bit Wörtern $\mathtt{sk}_i, 1 \leq i \leq l$, welche zufällig gewählt werden. Der Verifikationsschlüssel ist

$$\mathtt{pk} = (\mathtt{pk}_1, \ldots, \mathtt{pk}_l) = (f_{\mathtt{sk}_1}^{w-1}(x), \ldots, f_{\mathtt{sk}_l}^{w-1}(x)), \tag{12}$$

mit f^{w-1} wie oben definiert.

W-OTS signiert Nachrichten der Länge m. Die Nachrichten werden zur Basis w verarbeitet und sind in der Form $M = (M_1, \ldots, M_{l_1}), M_i \in \{0, \ldots, w-1\}$. Die Checksumme

$$C = \sum_{i=1}^{l_1} (w - 1 - M_i) \tag{13}$$

zur Basis w wird zu M hinzugefügt. Sie hat die Länge l_2. Das Ergebnis ist $(b_1, \ldots, b_l)$. Die Signatur von M ist

$$\sigma = (\sigma_1, \ldots, \sigma_l) = (f_{\mathtt{sk}_1}^{b_1}(x), \ldots, f_{\mathtt{sk}_l}^{b_l}(x)). \tag{14}$$

Die Nachricht M wird verifiziert, indem $(b_1, \ldots, b_l)$ konstruiert und danach die Gleichheit

$$(f_{\sigma_1}^{w-1-b_1}(x), \ldots, f_{\sigma_l}^{w-1-b_l}(x)) \overset{?}{=} (\mathtt{pk}_1, \ldots, \mathtt{pk}_l) \tag{15}$$

überprüft wird. Für mehr Details siehe [12].

Auch bei dem Merkle-Baum wird eine modifizierte Variante genutzt [16]. Der Hauptunterschied ist dabei die Berechnung der Knoten. Es wird eine Bitmaske $(b_{l,h} \| b_{r,h}) \in \{0,1\}^{2n}, 1 \leq h \leq H$, welche zufällig erzeugt wird, wie folgt verrechnet:

$$v_h[j] = h_K((v_{h-1}[2j] \oplus b_{l,h}) \| (v_{h-1}[2j+1] \oplus b_{r,h})), \quad 1 \leq h \leq H, 0 \leq j < 2^{H-h}. \tag{16}$$

Vergleiche dazu Gleichung 7. Diese Änderung führt dazu, dass keine kollisionsresistente Hashfunktionsfamilie benötigt wird. Das Verfahren gilt als sicher, vorausgesetzt $\mathcal{H}_n$ ist schwach kollisionsresistent und F_n ist pseudozufällig.

Um den Speicherplatz zu verringern wird ein Pseudozufallszahlengenerator (PRNG) genutzt. Anstatt 2^H viele Schlüsselpaare zu speichern wird mithilfe des PRNGs und einem Seed $Seed_i$ der Signaturschlüssel $\mathtt{sk}_i$ berechnet. Der Anfangsseed $Seed_0$ wird zufällig generiert. Außerdem führt diese Änderung dazu, dass das Verfahren die Eigenschaft der Perfect Forward Secrecy erhält, falls der PRNG Perfect Forward Secure ist.

2.4.2 Effizienz, Performance und Nutzbarkeit

Das Kriterium der Quantenresistenz ist zwar notwendig, doch längst nicht ausreichend für ein Post-Quanten-Verfahren. Die Effizienz ist für den praktischen Einsatz von enormer Wichtigkeit. Dementsprechend haben die Entwickler von XMSS in [11] gezeigt, dass XMSS effizient ist, wenn die genutzte Hashfunktion eine effiziente Einweg-Hashfunktion ist. Effizienz bezieht sich dabei auf die Laufzeiten und den Platzbedarf für ausreichend sichere Parameter.

Um die Performance vom XMSS zu evaluieren wurde XMSS implementiert um die Laufzeiten und Key-/Signaturgrößen mit RSA und DSA zu vergleichen. Tabelle 1 zeigt die Resultate auf einem Intel(R) Core(TM) i5 CPU M540 @ 2,53GHz. Dabei wurde eine Merkle-Baum Höhe von $H = 20$ gewählt. Dies führt dazu, dass etwa eine Million Signaturen erzeugt werden können. Außerdem wurde eine Nachrichtenlänge von $m = 256$ Bit angenommen [11, S. 19–20].

Funktion	w	Laufzeit (ms)			Größe (Bit)			b
		Signieren	Verifizieren	Schlüsselerzeugung	Signatur	Public Key	Private Key	
AES-128[1]	4	1,72	0,11	109 610,45	13 608	7 296	152	82
AES-128	4	2,87	0,22	158 208,49	13 608	7 296	152	82
SHA-256	4	6,30	0,51	408 687,43	39 192	13 568	280	210
SHA-256	16	7,00	0,52	466 236,55	22 296	13 568	280	196
SHA-256	64	15,17	1,02	1 099 377,18	16 664	13 568	280	146
SHA-256	108	33,47	2,34	2 288 355,24	15 384	13 568	280	100
RSA 2048		3,08	0,09	-	≤ 2048	≤ 4096	≤ 4096	87
DSA 2048		0,89	1,06	-	≤ 2048	≤ 4096	≤ 4096	87

[1] Unter Verwendung von AES-NI [22].

Tabelle 1: XMSS-Performance für $H = 20$, $m = 256$. b bezeichnet die Bitsicherheit. [11, S. 20]

Interessant ist vor allem der Fall AES-128 mit Advanced Encryption Standard New Instructions (AES-NI). Dabei wurde aus AES eine Hashfunktion konstruiert [11, S. 19]. AES-NI ist eine Erweiterung des x86-Befehlssatzes um AES-Verschlüsselung und -Entschlüsselung zu beschleunigen [22]. Dies führt dazu, dass die Laufzeit von XMSS signifikant verbessert wird.

Es zeigt sich, dass die Größe der Signatur wesentlich größer ist als bei RSA/DSA, sich trotzdem aber noch in einem praktikablen Bereich befindet. Die Laufzeiten von XMSS können dafür mit RSA/DSA konkurrieren. Je nach Hashfunktion und Winternitz-Parameter w kann das Signieren bzw. das Verifizieren effizienter sein. Dementsprechend ist XMSS ein Verfahren, was Quantenresistenz mit Effizienz vereint.

Ein großer Nachteil von XMSS ist seine Zustandsbehaftung. Dies bedeutet, dass für das Signieren zum einen der geheime Schlüssel aktualisiert werden muss und zum anderen sichergestellt werden muss, dass die verwendeten Einmalschlüssel nicht wiederverwendet werden. Außerdem können nicht wie bei RSA/DSA beliebig viele Nachrichten signiert/verifiziert werden.

Allgemein ist deswegen XMSS keine Alternative zu RSA/DSA. Es gibt aber Anwendungsfälle, wie z.B. das Verifizieren von Firmware-Updates, in denen die Zustandsbehaftung nicht relevant ist. Genau in diesen (speziellen) Fällen ist XMSS eine quantenresistente Alternative. Dies war einer der Gründe, warum das Verfahren standardisiert (RFC 8391) worden ist.

3 Codierungstheorie-basierte Kryptographie

Die Geburt der Codierungstheorie-basierten Kryptographie wurde 1978 von Robert J. McEliece inspiriert. Er war der Erste, der die Verwendung von binären Goppa Codes [7] zur Entwicklung eines Codierungstheorie-basierten Kryptosystems mit öffentlichem Schlüssel implementierte. Es gibt mehrere Gründe, warum Goppa Codes die erste Wahl für das McEliece-Kryptosystem sind. Erstens haben Goppa Codes einen schnellen Decodierungsalgorithmus. Ein weiterer Grund ist, dass Goppa Codes „leicht zu generieren, aber schwer zu finden" sind. Jedes irreduzible Polynom über einem endlichen Körper $\mathbb{F}_{2^m}$ kann verwendet werden, um einen Goppa Code zu erstellen, aber die Generatormatrizen von Goppa Codes sind nahezu zufällig [38, S. 17]. Im Folgenden werden zuerst wichtige Begriffe der Codierungstheorie definiert. Danach wird grundlegend das Codieren/Decodieren mit linearen Codes beschrieben und die daraus resultierenden schweren Probleme der Codierungstheorie, welche die Grundlage für die Codierungstheorie-basierten Kryptosysteme sind. Im Anschluss wird dann das McEliece Kryptosystem [25] vorgestellt, welches die Grundlage für das modernisierte Classic McEliece Kryptosystem [38] liefert.

3.1 Definitionen

Im folgenden Abschnitt werden wichtige Begriffe der Codierungstheorie definiert.

Definition 3.1 (Linearer Code [38, S. 6–9]). Ein **linearer Code** der Länge n und des Ranges k ist ein linearer Unterraum C mit der Dimension k des Vektorraums $\mathbb{F}_q^n$, wobei $\mathbb{F}_q$ ein endlicher Körper mit q Elementen ist.

Ein solcher Code wird als q-ary Code bezeichnet. Wenn $q = 2$ ist, wird der Code als Binärcode beschrieben. Die Vektoren in C werden Codewörter genannt. Die **Größe** eines Codes ist die Anzahl der Codewörter und entspricht q^k.

Das **Gewicht** eines Codeworts ist die Anzahl seiner Elemente, die ungleich Null sind. Der **Abstand** zwischen zwei Codewörtern ist der Hamming-Abstand zwischen ihnen, d.h. die Anzahl der Elemente, in denen sie sich unterscheiden. Der Abstand d des linearen Codes ist das Mindestgewicht seiner Codewörter ungleich Null oder äquivalent der Mindestabstand zwischen verschiedenen Codewörtern. Ein linearer Code mit der Länge n und der Dimension k wird als $[n, k]$ Code, bei einem Abstand von d als $[n, k, d]$ Code bezeichnet.

Definition 3.2 (Erzeugermatrix [38, Def. 1.12, S.8]). Die Erzeugermatrix G eines q-ary $[n, k]$ Codes C ist eine $k \times n$ Matrix, deren Zeilen eine Basis des Vektorraumes C über $\mathbb{F}_q$ bilden.

Definition 3.3 (Kontrollmatrix [38, Def. 1.13, S.8]). Sei C ein q-ary $[n, k]$ Code mit der Erzeugermatrix G. Dann heißt eine $(n - k) \times n$ Matrix H eine Kontrollmatrix für C, falls $G \cdot H^T = 0$ gilt.

Definition 3.4 (Goppa Code [38, Def. 1.21, S.12]). Sei $g(z) = g_0 + g_1 z + g_2 z^2 + \cdots + g_t z^t \in \mathbb{F}_{q^m}[z]$ und sei $L = \{\alpha_1, \ldots, \alpha_n\} \subseteq \mathbb{F}_{q^m}$, so dass $g(\alpha_i) \neq 0$ für alle $\alpha_i \in L$ gilt. Dann ist der Code definiert durch

$$\Gamma(L, g(z)) = \left\{ x = (x_1, \ldots, x_n) \in \mathbb{F}_q^n \,\middle|\, \sum_{i=1}^{n} \frac{x_i}{z - \alpha_i} \equiv 0 \mod g(z) \right\} \tag{17}$$

ein **Goppa Code** mit den Parametern $g(z)$ und L.

Ein Goppa-Code mit $q = 2$ heißt dabei **binärer Goppa Code**. Zu bemerken ist, dass Goppa Codes lineare Codes sind.

3.2 Grundlagen der Codierungstheorie

In diesem Abschnitt wird grundlegend erläutert, wie man mit linearen Codes Nachrichten codiert/decodiert. Außerdem werden die darauf basierenden schweren Probleme der Codierungstheorie vorgestellt, welche die Grundlage für die Codierungstheorie-basierten Kryptosysteme darstellen. Im Folgenden sei C ein $[n, k, d]$ Code über einem endlichen Körper $\mathbb{F}_q$.

3.2.1 Codierung

Angenommen $m = (m_1, \ldots, m_k) \in \mathbb{F}_q^k$ sei eine Nachricht, dann kann das Codieren als eine Einweg-Funktion

$$Codieren : \mathbb{F}_q^k \to \mathbb{F}_q^n \tag{18}$$

gesehen werden. Das heißt, es werden $n - k$ extra Informationsbits der Nachricht m hinzugefügt. Ist die Erzeugermatrix G des Codes C bekannt, so kann die Nachricht m wie folgt codiert werden:

$$x = mG. \tag{19}$$

x wird dabei als Codewort bezeichnet. Angenommen, das Codewort $x = (x_1, \ldots, x_n)$ wird über einen Kanal gesendet und der Vektor $y = (y_1, \ldots, y_n)$ wird empfangen. Dann bezeichnet man

$$e = y - x = (e_1, \ldots, e_n) \tag{20}$$

als den Fehlervektor von y [38, S.9–10].

3.2.2 Decodierung

Die Aufgabe der Decodierung ist es nun, ein empfangenes Codewort y zu einem Codewort x' zu decodieren. Dabei gibt es verschiedenste Verfahren, wie man dies lösen kann. Ein sehr bekanntes und einfaches Verfahren ist die Hamming-Decodierung (Maximum-Likelihood-Decodierung). Dabei wird y als x' decodiert, so dass

$$d(x', y) = \min_{x \in C} d(x, y) \tag{21}$$

gilt. Zu bemerken ist, dass x' im Allgemeinen nicht eindeutig bestimmt werden kann [20, Def 2.4, S. 11–12]. Bei lineare Codes wird oft die Syndromdecodierung genutzt. Speziell bei Goppa Codes ist die Patterson Decodierung [33] sehr beliebt, da sie schneller als die Syndromdecodierung ist.

3.2.3 Schwere Probleme der Codierungstheorie

Die allgemeinen Probleme der Codierungstheorie, die die Sicherheit hinter Codierungstheorie-basierten Kryptosystemen beschreiben, sind nachstehend aufgeführt [38, S. 18].

Problem 1. Allgemeines Decodierungsproblem: Gegeben sei ein $[n, k]$ Code C über $\mathbb{F}_q$, eine Ganzzahl t_0 und ein Vektor $y \in \mathbb{F}_q^n$. Finde ein Codewort $x \in C$, so dass der Abstand von x und y kleiner oder gleich t_0 ist.

Problem 2. Syndromdecodierungs-Problem (SD): Gegeben sei eine Matrix H und ein Vektor s, beide über $\mathbb{F}_q$, und eine nichtnegative Ganzzahl t_0. Finde einen Vektor $x \in \mathbb{F}_q^n$ mit Hamming-Gewicht $wt(x) = t_0$, so dass $Hx^T = s^T$ gilt.

Diese Probleme erwiesen sich als NP-vollständig [4].

Problem 3. Goppa Parametrized Syndrome Decoding (GPSD): Gegeben sei eine binäre Matrix H der Größe $2^m \times r$ und ein Syndrom s. Entscheide, ob ein Codewort x mit dem Gewicht r/m existiert, so dass $Hx^T = s^T$ gilt.

Dieses Problem ist auch ein NP-vollständiges Problem [2].

Problem 4. Goppa Code Distinguishing (GD): Gegeben sei eine $r \times n$ Matrix H. Entscheide, ob H die Kontrollmatrix eines Goppa Codes ist.

In [18] wurde gezeigt, dass binäre Goppa-Codes mit „hoher Rate" von zufälligen linearen Codes unterschieden werden können. Es funktioniert jedoch nicht für

- $t = 8$ Fehler für $n = 1024$ (wobei McEliece 50 Fehler verwendet hat).

- $t = 20$ Fehler für $n = 8192$ (eine Variante des Classic McEliece Kryptosystems).

3.3 McEliece Kryptosystem

Das McElice Kryptosystem wurde bereits 1978 von Robert J. McEliece entwickelt [25]. Die allgemeine Idee der Sicherheit hinter diesem Kryptosystem ist die Komplexität beim Decodieren eines zufälligen linearen Codes. Das Kryptosystem gilt bis heute als ungebrochen, vorausgesetzt man nutzt genügend lange Codes (siehe Tabelle 2 für empfohlene Parameter). Die große Problematik ist die Größe des öffentlichen Schlüssels, welche (abhängig von den Sicherheitsparametern) sich im KB–MB Bereich befindet.

Dieses System hat nicht die Wertschätzung erhalten, die andere Kryptosysteme dieser Zeit aufgrund der Behandlung von Schlüsselproblemen erhalten haben. Als Shor's Algorithmus die auf Zahlentheorie basierenden Kryptosysteme zu beeinflussen schien, stieg der Wert von Codierungstheorie-basierten Kryptosystemen. Dadurch wurde das McEliece Kryptosystem, das älteste in dieser Klasse, umfassend untersucht. In diesem Abschnitt wird das McElice Kryptosystem beschrieben. Um genau zu sein: Dieses Kryptosystem ist ein Codierungstheorie-basiertes System und der zugrunde liegende Code ist ein Goppa-Code. Im Folgenden werden die Parameter des Goppa-Codes definiert:

n : Die Länge des Codes;
k : Die Dimension des Codes über dem Körper $\mathbb{F}_q$;
t : Der Grad des Goppa-Polynoms.

Die originale Version des McEliece Kryptosystems, basierend auf binären Goppa Codes, wird wie folgt beschrieben. Die Werte n, k und t sind öffentlich verfügbare Parameter, aber L, g, P und S sind zufällig erzeugte Geheimnisse. Dieses Kryptosystem mit öffentlichen Schlüssel funktioniert dann wie folgt [38, S.19–20].

3.3.1 Schlüsselgenerierung

Zunächst generiert *Alice* ein Schlüsselpaar in Abhängigkeit von öffentlich verfügbaren Werten:

(i) Alice wählt einen binären $[n, k]$ Goppa Code mit seiner Erzeugermatrix G der Größe $k \times n$ aus, der in der Lage ist, t Fehler zu korrigieren;

(ii) Dann wählt sie zufällig eine binäre, reguläre Matrix S der Größe $k \times k$ und eine Permutationsmatrix P der Größe $n \times n$;

(iii) Sie berechnet die Matrix $\hat{G} = S \cdot G \cdot P$;

(iv) Sie veröffentlicht ihren öffentlichen Schlüssel: $(\hat{G}, t)$;

(v) Sie behält ihren privaten Schlüssel: (S, G, P)

3.3.2 Verschlüsseln einer Nachricht

Angenommen, *Bob* will eine verschlüsselte Nachricht an *Alice* senden:

(i) Bob hat eine binäre Klartextnachricht m der Länge k;

(ii) Er lädt den öffentlichen Schlüssel von Alice: $(\hat{G}, t)$;

(iii) Er generiert zufällig einen n-bit Vektor z mit Hamming-Gewicht t;

(iv) Bob berechnet den Geheimtext $c = m \cdot \hat{G} + z$ und sendet ihn an Alice.

3.3.3 Entschlüsseln einer Nachricht

Angenommen, *Alice* hat einen Geheimtext c empfangen. Sie entschlüsselt ihn wie folgt:

(i) Alice berechnet P^{-1} und S^{-1} mithilfe ihres privaten Schlüssels;

(ii) Mit Multiplikation von Rechts mit P^{-1} berechnet sie $\hat{c} = c \cdot P^{-1} = m \cdot S \cdot G + \underbrace{z \cdot P^{-1}}_{\text{Vektor mit Gewicht } t}$;

(iii) Sie verwendet nun den Decodierungsalgorithmus D_G für den geheimen Goppa Code: $\hat{m} = D_G(\hat{c}) = m \cdot S$. Dabei behebt sie den Fehlervektor $z \cdot P^{-1}$;

(iv) Zuletzt berechnet sie die Nachricht $m = \hat{m} \cdot S^{-1}$.

Es gibt eine Reihe von Decodierungsalgorithmen für Goppa Codes. Normalerweise wird Patterson's Decodierungsalgorithmus [33] genutzt, da dieser sehr effizient im Vergleich zu Decodierungsalgorithmen für lineare Codes ist.

3.3.4 Vorteile, Nachteile und Sicherheit

Der Vorteil des Verfahrens ist, dass es als eins der ersten Public-Key-Verfahren bis heute als ungebrochen gilt. Der Grund, warum es praktisch nie zum Einsatz kam ist die enorme Schlüsselgröße. Nimmt man die von McEliece in [38] vorgeschlagenen Parameter, also einen $[n, k, d] = [1024, 524, 101]$ Goppa Code (daraus folgt $t = 50$), dann ist der Public-Key $k \cdot n = 536576$ Bit lang, was ca. 65,5 KB entspricht [3, Kapitel 6].

In [9] wurde von Bernstein, Lange und Peters gezeigt, dass man größere Codes benötigt, um eine ausreichende Bitsicherheit zu erreichen. Zu bemerken ist, dass hierbei schon eine effizientere Variante genutzt wird, um die Größe des öffentlichen Schlüssels von $k \cdot n$ Bit auf $k \cdot (n - k)$ Bit zu senken. Die Ergebnisse dessen sind in Tabelle 2 dargestellt.

Parameter $[n, k]$ des Codes	Größe des Public-Keys (KB)	Sicherheit (Bit)
$[1632, 1269]$	56,23	80
$[2960, 2288]$	187,69	128
$[6624, 5129]$	936,02	256

Tabelle 2: Die empfohlenen Parameter des Codes mit der entsprechenden Bitsicherheit und Public-Key Größe für das McEliece Kryptosystem [9, S. 15].

Trotzdem ist das Sicherheitsniveau des McEliece-Systems bis heute bemerkenswert stabil geblieben. Die ursprünglichen McEliece-Parameter wurden nur für eine Bitsicherheit von 64 entwickelt, aber das System lässt sich leicht auf „Overkill"-Parameter skalieren, die einen ausreichenden Sicherheitsspielraum gegen Fortschritte in der Computertechnologie, einschließlich Quantencomputern, bieten [14].

3.4 Classic McEliece Kryptosystem

Aufbauend auf der Idee von McEliece wurde ein Verfahren entwickelt, welches ein sehr hohes Sicherheitslevel (IND-CCA2) bietet: Classic McEliece [38][14]. Dieses Verfahren ist ein Schlüsseleinigungsverfahren (KEM), d.h. es besteht aus drei Algorithmen: Schlüsselgeneration, Kapselung und Entkapselung. Dadurch kann ein symmetrischer Sitzungsschlüssel für zwei Endbenutzer erstellt werden, mit dem dann symmetrische Verschlüsselungsverfahren wie AES genutzt werden können. Im Folgenden wird die grundlegende Funktionsweise des Verfahrens vorgestellt, um danach die Vor- und Nachteile des Verfahrens zu diskutieren [38, Kapitel 5].

3.4.1 Grundlegende Funktionsweise

Classic McEliece basiert konservativ auf einem Public-Key-Verfahren, das für die Einweg-Sicherheit (OW-CPA) entwickelt wurde, nämlich Niederreiter's Version vom McEliece Kryptosystem unter Verwendung von binären Goppa Codes. Niederreiter's Public-Key-Verfahren verhält sich dabei dual zu dem McEliece Verfahren, d.h. beide bieten die gleiche Sicherheit und beide lassen sich jeweils in das andere Verfahren umwandeln. Vereinfacht kann man sagen, dass Niederreiter's Verfahren die Kontrollmatrix H anstatt die Erzeugermatrix G nutzt, um den öffentlichen Schlüssel zu generieren.

Im Folgenden ist vereinfacht dargestellt, wie das Verfahren grundlegend arbeitet. I bezeichnet dabei die Einheitsmatrix.

1. Schritt: *Alice* möchte mit *Bob* einen Sitzungsschlüssel aushandeln. Sie sendet eine Anfrage an *Bob*.

2. Schritt: Falls *Bob* noch kein Schlüsselpaar generiert hat, generiert er zufällig einen binären Goppa Code und die dazugehörige Kontrollmatrix H, so dass $(I|T) = H$ gilt. T ist der öffentliche Schlüssel. Sein privater Schlüssel ist $(s, g(z), L)$, wobei $g(z)$ und L die Parameter des Goppa Codes sind und s ein zufälliger String. Er antwortet auf *Alice's* Anfrage mit seinem öffentlichen Schlüssel T.

3. Schritt: *Alice* nutzt den öffentlichen Schlüssel T, um H zu generieren. Sie berechnet dann $C_0 = He$, wobei e ein zufälliger Vektor ist. Danach sendet sie die Chiffre $C = (C_0, C_1)$ an *Bob*, wobei C_1 der Hashwert von e ist. Außerdem berechnet sie den Sitzungsschlüssel K aus e und C.

4. Schritt: *Bob* empfängt die Chiffre $C = (C_0, C_1)$. Mithilfe seines privaten Schlüssels decodiert er C_0, damit er e berechnen kann. Danach überprüft er den Hashwert von e mit C_1. Gilt Gleichheit, kann er den Sitzungsschlüssel K berechnen.

Wichtig ist hierbei, dass die genutzte Hashfunktion bekannt ist. Offiziell wird SHAKE256 mit 32-Byte Ausgabe genutzt.

3.4.2 Vor- und Nachteile

Die zentralen Vorteile von Classic McEliece sind seine hohe Sicherheit und Effizienz [38, S. 34]. Wie schon im Unterunterabschnitt 3.3.4 beschrieben ist das zugrunde liegende McEliece Verfahren bis heute ungebrochen. Dies wurde genutzt, um ein Verfahren mit noch höherer Sicherheit zu entwickeln.

Außerdem ist der Kapselungs- und Entkapselungsalgorithmus ziemlich schnell in Software (bzw. beeindruckend schnell in Hardware) aufgrund der einfachen Natur der Objekte (binäre Vektoren) und Operationen (wie binäre Matrix-Vektor-Multiplikationen). Auch die Chiffre C ist ungewöhnlich klein für Post-Quanten Verfahren: Unter 256B für die hohe Sicherheit, die es liefert.

Doch leider hat es immer noch das Problem des großen öffentlichen Schlüssel. Für die hohe Sicherheit, die Classic McEliece liefert, benötigt man zufällig aussehende lineare Codes ohne sichtbare Struktur. Dies führt zu öffentlichen Schlüsseln von ca. 1MB. Auch die Schlüsselgenerierung ist relativ langsam. Für mehr Informationen siehe Tabelle 7.

Dies führt dazu, dass der öffentliche Schlüssel länger genutzt werden muss, damit die Kosten durch die verhältnismäßig kleine Chiffre kompensiert werden kann. Tabelle 3 liefert einen Überblock über zwei Varianten des Classic McEliece Verfahrens.

Variante	n	k	t	Größe des Public-Keys	Sicherheit (Bit)
mceliece6960119	6960	5413	119	1 047 319B $\approx$ 1MB	128
mceliece8192128	8192	6528	128	1 357 824B $\approx$ 1,3 MB	256

Tabelle 3: Zwei Classic McEliece Varianten mit ihren Eigenschaften und Parametern n: Größe des Codes, k: Dimension des Codes und t: Grad des Goppa-Polynoms [38, S.31-32].

4 Gitterbasierte Kryptographie

Gitterbasierte kryptographische Konstruktionen sind für die Post-Quanten-Kryptographie vielversprechend, da sie über sehr starke Sicherheitsnachweise verfügen, die auf schweren Problemen beruhen und relativ effiziente Implementierungen besitzen. Darüber hinaus wird angenommen, dass die gitterbasierte Kryptographie gegen Quantencomputer sicher ist. Der Fokus von diesem Abschnitt wird hauptsächlich auf dem NTRU Kryptosystem [21] liegen, welches 1996 von Hoffstein, Pipher und Silverman vorgestellt worden ist und die Grundlage für die NTRU Einreichung bei der NIST darstellt.[8, S. 147].

4.1 Mathematische Grundlagen

Im Folgendem werden die mathematischen Grundlagen für das NTRU Kryptosystem dargestellt. Diese sind größtenteils aus der Bachelorarbeit „Das NTRU-Kryptosystem" [29] sinngemäß übernommen worden. Zuerst werden dabei wichtige Begriffe definiert, um danach einige schwere Probleme im Gitter vorzustellen.

4.1.1 Definitionen

In diesem Abschnitt werden die mathematischen Grundlagen für das NTRU Kryptosystem dargestellt [29, Kapitel 2].

Definition 4.1 (Gitter [29, Def. 2.8, S. 10]). Seien $v_1, \ldots, v_n \in \mathbb{R}^m$ linear unabhängige Vektoren. Das *Gitter* $\mathcal{L}$, das von $v_1, \ldots, v_n$ erzeugt wird, ist die Menge der Linearkombinationen von $v_1, \ldots, v_n$ mit Koeffizienten aus $\mathbb{Z}$

$$\mathcal{L} = \{\alpha_1 v_1 + \cdots + \alpha_n v_n | \alpha_1, \ldots, \alpha_n \in \mathbb{Z}\}. \tag{22}$$

Das Gitter heißt vollständig oder eine $\mathbb{Z}$-Struktur, wenn $m = n$ ist. Ein Gitter ist ähnlich wie der Vektorraum $\mathbb{R}^n$, wobei die Koeffizienten beliebiger Linearkombinationen der Basisvektoren eingeschränkt sind auf den Zahlenbereich der ganzen Zahlen. Als **Basis** vom Gitter $\mathcal{L}$ wird jede linear unabhängige Menge von Vektoren bezeichnet, die $\mathcal{L}$ erzeugt. Die **Dimension** gibt die Anzahl der Basisvektoren an. Diese Bezeichnungen sind analog, wie die Definitionen für Dimension und Basis im Vektorraum. Genau wie im Vektorraum haben zwei verschiedene Basen zu demselben Gitter die gleiche Dimension.

Definition 4.2 (Ring der Konvolutionspolynome [29, Def. 2.1, S. 6]). Sei $N \in \mathbb{N}$. Der *Ring der Konvolutionspolynome* $\mathcal{R}^N$ (vom Rang N) ist der Quotientenring

$$\mathcal{R}^N = \mathbb{Z}[x]/(x^N - 1). \tag{23}$$

Der *Ring der Konvolutionspolynome* $\mathcal{R}_q^N$ ist der Quotientenring

$$\mathcal{R}_q^N = \mathbb{Z}_q[x]/(x^N - 1). \tag{24}$$

Die Koeffizienten werden aus dem Ring $\mathbb{Z}_q$ (oftmals auch als $\mathbb{Z}/q\mathbb{Z}$ bezeichnet) gewählt. Hierbei ist $q \in \mathbb{N}$ nicht notwendigerweise eine Primzahl.

Definition 4.3 (Produkt zweier Polynome [29, Lemma 2.3, S. 7–8]). Das Produkt von zwei Polynomen $a(x), b(x) \in \mathcal{R}^N$ wird durch die Formel

$$a(x) \star b(x) = c(x) \quad \text{mit} \quad c_k = \sum_{i+j \equiv k \mod N} a_i b_{k-i} \tag{25}$$

bestimmt. Wobei $0 \leq i, j \leq N - 1$ gilt und die Bedingung $i + j \equiv k \mod N$ erfüllt ist. Dies gilt auch für Polynome $a(x)$ und $b(x)$ aus $\mathcal{R}_q^N$, wobei die Koeffizienten c_k des Konvolutionsproduktes modulo q gerechnet werden müssen.

Definition 4.4 (Zentraler Lift [29, Def. 2.5, S. 9]). Der *zentrale Lift* wird von $\mathcal{R}_q^N$ nach $\mathcal{R}^N$ definiert, indem $a(x) \in \mathcal{R}_q^N$ ein eindeutiges Polynom $a'(x) \in \mathcal{R}^N$ zugeordnet wird, mit der Eigenschaft:

$$a'(x) \mod q \equiv a(x) \tag{26}$$

und mit Koeffizienten

$$-\frac{q}{2} < a'_i \leq \frac{q}{2}. \tag{27}$$

Definition 4.5 (Ternäre Polynome [29, Def. 2.7, S. 10]). Es seien $d_1, d_2, N \in \mathbb{N}$, mit $d_1 + d_2 \leq N$. Es wird folgende Menge definiert:

$$\mathcal{T}(d_1, d_2, N) = \left\{ p(x) = \sum_{i=0}^{N-1} a_i x^i \in \mathcal{R}^N \;\middle|\; a_i \in \{-1, 0, 1\} \text{ für } i = 0, \ldots, N-1, \right.$$
$$\left. \text{mit } |\{a_i | a_i = 1\}| = d_1, |\{a_i | a_i = -1\}| = d_2 \right\}. \tag{28}$$

Die Polynome $p(x) \in \mathcal{T}(d_1, d_2, N)$ werden *ternäre Polynome* genannt.

4.1.2 Schwere Probleme im Gitter

Die Grundlage für gitterbasierte Kryptosysteme sind schwere Probleme in Gittern. Dabei gibt es zwei fundamentale Probleme: SVP und CVP [29, Kapitel 2.3]. Für beide Probleme wird eine Norm benötigt. Im Folgenden sei $\| \cdot \|$ die euklidische Norm.

Problem 1. Shortest Vector Problem (SVP): Gegeben sei ein Gitter $\mathcal{L}$. Finde einen nichttrivialen Vektor $v \in \mathcal{L}$, wobei $\|v\|$ minimal sein soll.

Problem 2. Approximate Shortest Vector Problem (SVP$_\gamma$): Gegeben sei ein Gitter $\mathcal{L}$ und $\gamma \geq 1$. Finde einen nichttrivialen Vektor $v \in \mathcal{L}$, wobei $\|v\| \leq \gamma \|v_{min}\|$ gelten soll. v_{min} beschreibt dabei den kürzesten vom Nullvektor verschiedenen Vektor aus $\mathcal{L}$. SVP$_\gamma$ ist dabei eine Variante des SVPs.

Diese Probleme gehören zu den NP-vollständigen Problemen.

Problem 3. Closest Vector Problem (CVP): Gegeben sei ein Gitter $\mathcal{L}$ und ein Vektor $w \in \mathbb{R}^m \setminus \mathcal{L}$. Finde einen Vektor $v \in \mathcal{L}$, wobei $\|w - v\|$ minimal sein soll.

Dieses Problem gehört zu den NP-schweren Problemen.

4.2 NTRU Kryptosystem

Das NTRU Kryptosystem [21] wurde 1996 von Hoffstein, Pipher und Silverman auf der „Rump Session" der Crypto '96 vorgestellt. Es stellt dabei eine alternative zu andern Public-Key-Verfahren wie RSA dar und basiert auf der Komplexität des SVPs. Im Folgenden wird zuerst erklärt, wie die Schlüsselgenerierung, die Ver- und Entschlüsselung grundlegend funktioniert. Danach wird erläutert, warum das zugrunde liegende Problem des NTRU Kryptosystems auch als SVP beschrieben werden kann. Die Grundlage für die folgende Beschreibung ist auch hier die Bachelorarbeit „Das NTRU-Kryptosystem" von Moldenhauer [29].

4.2.1 Schlüsselgenerierung

Zuerst werden vier Parameter $N, p, q, d \in \mathbb{N}$ gewählt und veröffentlicht. Diese müssen folgende Bedingungen erfüllen:

(i) $2d + 1 \leq N$,

(ii) $\mathrm{ggT}(p, q) = 1$,

(iii) N ist eine Primzahl und $\mathrm{ggT}(N, q) = 1$,

(iv) $q > (6d + 1)p$.

Die Parameter p und q müssen keine Primzahlen sein und p sei immer wesentlich kleiner als q. Für die originalen Parametervorschläge siehe Tabelle 4.

Es wird nun der Ring $\mathcal{R}^N$ und dessen Reduktionen $\mathcal{R}_q^N$ und $\mathcal{R}_p^N$ betrachtet. Um ein NTRU Schlüsselpaar zu generieren, benötigt *Alice* zwei zufällige ternäre Polynome

$$f(x) \in \mathcal{T}(d + 1, d, N) \quad \text{und} \quad g(x) \in \mathcal{T}(d, d, N). \tag{29}$$

Weiter sollen vom Polynom $f(x)$ die Inversen

$$F_q(x) = f(x)^{-1} \text{ in } \mathcal{R}_q^N \quad \text{und} \quad F_p(x) = f(x)^{-1} \text{ in } \mathcal{R}_p^N \tag{30}$$

existieren. Für geeignete Parameterauswahl gilt dies für die meisten Auswahlmöglichkeiten von $f(x)$. Die tatsächliche Berechnung dieser Inversen ist unter Verwendung einer Modifikation des euklidischen Algorithmus einfach. Nun kann *Alice* ihren **öffentlichen Schlüssel** $h(x)$ berechnen:

$$h(x) = F_q(x) \star g(x) \mod q \text{ in } \mathcal{R}_q^N. \tag{31}$$

Ihr **privater Schlüssel** ist das Polynom $f(x)$. In der Praxis speichert *Alice* das Paar $(f(x), F_p(x))$ als ihren privaten Schlüssel, weil sie $F_p(x)$ zur Entschlüsselung benutzen wird.

4.2.2 Verschlüsseln einer Nachricht

Bob möchte eine Nachricht $m(x) \in \mathcal{R}_p^N$ an *Alice* senden. Hierzu führt er zuerst einen zentralen Lift von $m(x) \in \mathcal{R}_p^N$ nach $m'(x) \in \mathcal{R}^N$ durch. Weiter nimmt er ein zufällig gewähltes Polynom $r(x) \in \mathcal{T}(d, d, N)$ hinzu, das auch kurzlebiger Schlüssel genannt wird. Zur Erstellung des verschlüsselten Textes benutzt er des Weiteren den öffentlichen Schlüssel $h(x)$ und berechnet:

$$e(x) \equiv p \cdot h(x) \star r(x) + m'(x) \mod q. \tag{32}$$

Die Chiffre $e(x)$ liegt im Polynomring $\mathcal{R}_q^N$.

4.2.3 Entschlüsseln einer Nachricht

Alice erhält eine Nachricht $e(x)$. Um diese zu Entschlüsseln berechnet sie zuerst mit ihrem privaten Schlüssel $f(x)$:

$$a(x) \equiv f(x) \star e(x) \mod q. \tag{33}$$

Dann führt sie einen zentralen Lift von $a(x)$ nach $a'(x) \in \mathcal{R}^N$ durch. Zum Schluss berechnet *Alice*:

$$b(x) \equiv F_p(x) \star a'(x) \mod p. \tag{34}$$

Das Polynom $b(x) \in \mathcal{R}_p^N$ entspricht der Nachricht $m(x)$ von *Bob*.

4.2.4 NTRU-Schlüsselrekonstruktionsproblem

Das NTRU-Schlüsselrekonstruktionsproblem beschreibt das Problem, was entsteht, wenn ein Angreifer versucht das NTRU-Kryptosystem zu brechen.

Sei der öffentliche Schlüssel $h(x)$ und die öffentlichen Parameter gegeben, dann finde ternäre Polynome $f(x) \in \mathcal{T}(d + 1, d, N)$ und $g(x) \in \mathcal{T}(d, d, N)$, so dass die Kongruenz

$$f(x) \star h(x) \equiv g(x) \mod q \tag{35}$$

erfüllt ist.

Ist also ein Angreifer in der Lage, solche zwei Polynome $f(x)$ und $g(x)$ zu finden, dann kann er jede Nachricht, die mit $h(x)$ verschlüsselt worden ist, entschlüsseln. Für mehr Details siehe [29, Kapitel 4].

4.2.5 NTRU als Gitter

Das NTRU Kryptosystem wurde bis hierher ohne den Begriff *Gitter* beschrieben. Man könnte sich jetzt Fragen, warum NTRU ein gitterbasiertes Kryptosystem ist. Die Antwort ist: Man kann zeigen, dass die NTRU-Schlüsselrekonstruktion als ein SVP in einer bestimmten Art von Gittern interpretiert werden kann. Im Folgenden wird kurz beschrieben, wie dieser Beweis konstruiert werden kann. Für den vollen Beweis siehe [29, Kapitel 5].

(i) Zuerst zeigt man, dass der öffentliche Schlüssel $h(x)$ ein Gitter $\mathcal{L}_h$ bestimmt.

(ii) Man kann dann zeigen, dass der Vektor $(f(x), g(x))$, welcher aus den ternären Polynomem $f(x)$ und $g(x)$ besteht, Element des Gitters $\mathcal{L}_h$ ist.

(iii) Zuletzt zeigt man, dass bei einem großen N (mit hoher Wahrscheinlichkeit) der Vektor $(f(x), g(x))$ äquivalent zu dem kürzesten Vektor in dem Gitter $\mathcal{L}_h$ ist.

(iv) Daraus kann man dann folgern, dass die NTRU-Schlüsselrekonstruktion ein SVP in einer speziellen Art von Gittern ist.

4.2.6 Sicherheitslevels

In dem Artikel „NTRU: A ring-based public key cryptosystem" [21] von Hoffstein, Pipher und Silverman wurden drei Varianten von NTRU vorgeschlagen, die drei verschiedene Sicherheitslevel ergeben. Die Bezeichnungen der Sicherheitslevel sind aus dem Jahr 1998 und somit nicht mehr aktuell. Der Parameter d wird dabei für jede Menge

$$\mathcal{L}_f = \mathcal{T}(d_f + 1, d_f, N), \quad \mathcal{L}_g = \mathcal{T}(d_g, d_g, N) \text{ und } \mathcal{L}_r = \mathcal{T}(d_r, d_r, N), \tag{36}$$

aus denen die Polynome $f(x), g(x)$ und $r(x)$ entommen werden, explizit definiert. Für aktuelle NTRU Varianten siehe Tabelle 5.

Sicherheitslevel	N	q	p	d_f	d_g	d_r	Schlüsselsicherheit (Bit)	Nachrichtensicherheit (Bit)
Moderat	107	64	3	14	12	5	50	26,5
Hoch	167	128	3	60	20	18	82,9	77,5
Sehr Hoch	503	256	3	215	72	55	285	170

Tabelle 4: Originale Parametervorschläge für NTRU [21, Kapitel 4]. Für aktuelle NTRU-Versionen siehe Tabelle 5.

4.3 Die NTRU Einreichung bei der NIST

Aufbauend auf NTRU haben Chen u. a. in [13] ein Schlüsseleinigungsverfahren (KEM) entwickelt, welches wie das Classic McEliece Verfahren auch hohe Sicherheit (IND-CCA2) liefert. Das KEM wird unter Verwendung einer generischen Transformation aus einem deterministischem Public-Key-Verschlüsselungsverfahren (DPKE) erstellt. NTRU wurde ursprünglich als teilweise korrektes probabilistisches Public-Key-Verschlüsselungsverfahren (PPKE) beschrieben, und die meisten Instanziierungen in der Literatur basieren auf diesem PPKE. Trotzdem kann man aus NTRU ein DPKE entwickeln, welches vollkommen korrekt und deterministisch ist. Solch ein DPKE wurde genutzt, um ein KEM zu entwickeln [13, S. 4]. Im Folgenden seien die Vorteile von dieser Einreichung beschrieben[13, Kapitel 7]:

* Es ist **korrekt**: Dieses KEM wird immer einen Sitzungsschlüssel erzeugen, da die Entkapselung nicht scheitern kann.

* Es ist **flexibel**: Das zugrunde liegende DPKE kann für eine Vielzahl von Anwendungsfällen mit unterschiedlichen Anforderungen an Größe, Sicherheit und Effizienz parametrisiert werden.

* Es ist **einfach**: Das zugrunde liegende DPKE hat nur zwei Parameter, N und q, und kann vollständig durch einfache ganzzahlige Polynomarithmetik beschrieben werden. Die Umwandlung in ein IND-CCA2 sicheres KEM ist konzeptionell einfach.

- Es ist **schnell**: `ntruhrss701` gehört zu den schnellsten Einsendungen der NIST Ausschreibung.

- Es ist **kompakt**: Die Variante `ntruhps2048677` verfügt über öffentliche Schlüssel und Chiffretexte von nur 930 Byte.

- Es ist **patentfrei**: Die entsprechenden Patente sind abgelaufen.

Trotzdem gibt es einen Aspekt, in dem Classic McEliece besser ist: Das Vertrauen in die Sicherheit. Die zugrunde liegende Sicherheit des KEMs, die OW-CPA Sicherheit von NTRU, ist mittlerweile zwar gut untersucht. NTRU ist aber im Gegensatz zu Classic McEliece noch jung. Erst vor ca. 20 Jahren wurde das System vorgestellt. Dementsprechend ist die Kryptanalyse auch noch nicht so weit fortgeschritten, wie es das Classic McEliece Kryptosystem vorweisen kann. Außerdem besitzt die Variante von NTRU, die eingereicht worden ist, eine zusätzliche Struktur im Gitter, um effizienter zu sein. Dies führt dazu, dass allgemein noch kein großes Vertrauen in die Sicherheit von gitterbasierten Verfahren wie NTRU besteht. Tabelle 5 liefert einen Überblick über drei Varianten der NTRU Einreichung [13].

Variante	N	q	Sicherheit (Bit)
`ntruhrss701`	701	8192	≈ 128
`ntruhps2048677`	677	2048	≈ 128
`ntruhps4096821`	821	4096	≈ 192

Tabelle 5: Drei in [13] spezifizierte NTRU-Varianten.

5 Fazit

Die in dieser Arbeit vorgestellten Verfahren sind nur ein kleiner Ausschnitt dessen, was die Post-Quanten-Kryptographie zu bieten hat. Es gibt nicht nur weitere kryptographische Klassen, die als Post-Quanten-Sicher gelten (z.B. die multivariate Kryptographie), sonder auch weitere Verfahren, die aus den bereits vorgestellten kryptographischen Klassen entstammen. Tabelle 6 liefert einen Überblick, welche Verfahren es bis in die 3. Runde der NIST Ausschreibung geschafft haben.

Runde 3	PKE und KEM	Digitale Signaturverfahren
Finalisten	Classic McEliece CRYSTALS-KYBER NTRU SABER	CRYSTALS-DILITHIUM FALCON Rainbow
Alternativen	BIKE FrodoKEM HQC NTRU Prime SIKE	GeMSS Picnic SPHINCS$^+$

Tabelle 6: Die Einsendungen für Public-Key-Verschlüsselungsverfahren (PKEs), Schlüsseleinigungsverfahren (KEMs) und Digitale Signaturverfahren der dritten Runde der Ausschreibung *Post-Quantum Cryptography* der NIST [39].

Zu sehen ist, dass die hier vorgestellten Verfahren NTRU und Classic McEliece zu den Finalisten der 3. Runde gehören. Dies war auch die Motivation, diese Verfahren vorzustellen. In Tabelle 7 sind die Ergebnisse von Benchmarks [26] aufgeführt, um diese Verfahren mit RSA-2048 zu vergleichen. Getestet wurde auf einem 2020 Intel(R) Core(TM) i5-1030NG7 @ 1100MHz.

	Größe (Byte)			Laufzeit (Zyklen)			
Verfahren	Private Key	Public Key	Chiffre	Schlüsselerzeugung	Kapselung	Entkapselung	b
mceliece6960119	13 908	1 047 319	226	1 096 065 944[1]	167 195[1]	1 176 236	128
mceliece8192128	14 080	1 357 824	240	1 129 598 671[1]	181 776	1 195 946	256
ntruhrss701	1 450	1 138	1 138	217 863	19 587	47 380	128
ntruhps2048677	1 234	930	930	218 095	26 105	46 739	128
ntruhps4096821	1 590	1 230	1 230	315 970	32 287	60 387	192
rsa2048	384	256	256	128 718 507[1]	20 429	2 638 333	112

[1] Messungen mit großer Varianz.

Tabelle 7: Performance von verschiedenen ausgewählten Public-Key-Verfahren [26] [30, S. 54]. b bezeichnet die Bitsicherheit. Bei den Laufzeiten ist der Median angegeben.

Die Probleme von Classic McEliece werden dabei noch einmal verdeutlicht. Ein sehr großer öffentlicher Schlüssel in Kombination mit guten (aber nicht sehr guten) Laufzeiten ist durch das sehr gute Vertrauen in die Sicherheit eine eher konservative Alternative. NTRU hingegen ist sowohl in der Größe als auch in der Laufzeit besser und ist, falls man mehr Vertrauen in die Sicherheit gewinnt, eine sehr effiziente Alternative. Bereits im Unterabschnitt 2.4 hat man gesehen, dass XMSS für spezielle Anwendungsfälle eine Alternative für die Verifikation ist.

Für mich persönlich ist die Frage, „ob" oder „wann" es kryptographisch relevante Quantencomputern geben wird, nicht mehr relevant. Sicher ist: Verfahren für die Post-Quanten-Kryptographie gibt es genug und sie werden langfristig zum Standard werden. Die große Problematik ist eher die Faulheit des Menschen: „never change a running system". Manche denken vielleicht, es würde reichen erst auf Post-Quanten Verfahren zu wechseln, wenn es auch kryptographisch relevante Quantencomputer gibt. Dann ist es aber bereits zu spät. Hier gilt eher die Devise: „Je früher, desto besser".

Auch das BSI vertritt diese Meinung und empfiehlt, jetzt schon (zumindestens im Hochsicherheitsbereich) auf sogenannte Hybrid-Lösungen umzusteigen. Das bedeutet, man kombiniert klassische Verfahren (RSA und Elliptische-Kurven Kryptographie) mit quantenresistenten Verfahren (vorzugsweise Classic McEliece oder FrodoKEM als konservative Variante) [37, S.6–8].

Es bleibt abzuwarten, welches Verfahren die Ausschreibung gewinnen wird, und somit zukünftig den Platz von RSA einnehmen wird. Abgesehen von dieser Entscheidung können wir aber sicher sein, das Quantencomputer die allgemeine Sicherheit des Internets nicht brechen werden.

Literatur

[1] NIST Interagency/Internal Report (NISTIR) - 8105. *Report on Post-Quantum Cryptography*. 2016. URL: https://www.nist.gov/publications/report-post-quantum-cryptography.

[2] Daniel Augot, Matthieu Finiasz und Nicolas Sendrier. „A Family of Fast Syndrome Based Cryptographic Hash Functions". In: *Progress in Cryptology – Mycrypt 2005*. Hrsg. von Ed Dawson und Serge Vaudenay. Berlin, Heidelberg: Springer Berlin Heidelberg, 2005, S. 64–83. ISBN: 978-3-540-32066-1.

[3] Glossar Hochschule Augsburg. *McEliece-Kryptosystem*. 2019. URL: https://glossar.hs-augsburg.de/McEliece-Kryptosystem (besucht am 05.12.2020).

[4]   Alexander Barg. *Complexity Issues in Coding Theory.* 1997.

[5]   Georg Becker. „Merkle Signature Schemes, Merkle Trees and Their Cryptanalysis". Ruhr-Universität Bochum, 2008. URL: https://www.emsec.ruhr-uni-bochum.de/media/crypto/attachments/files/2011/04/becker_1.pdf.

[6]   Charles H. Bennett und Gilles Brassard. „Quantum cryptography: Public key distribution and coin tossing". In: *Theoretical Computer Science* 560 (Dez. 2014), S. 7–11. ISSN: 0304-3975. DOI: 10.1016/j.tcs.2014.05.025. URL: http://dx.doi.org/10.1016/j.tcs.2014.05.025.

[7]   E. Berlekamp. „Goppa Codes". In: *IEEE Trans. Inf. Theor.* 19.5 (Sep. 2006), S. 590–592. ISSN: 0018-9448. DOI: 10.1109/TIT.1973.1055088. URL: https://doi.org/10.1109/TIT.1973.1055088.

[8]   Daniel J. Bernstein, Johannes Buchmann und Erik Dahmen. *Post-Quantum Cryptography.* Berlin, Heidelberg: Springer Berlin Heidelberg, 2009. ISBN: 978-3-540-88702-7. DOI: 10.1007/978-3-540-88702-7_1. URL: https://doi.org/10.1007/978-3-540-88702-7_1.

[9]   Daniel J. Bernstein, Tanja Lange und Christiane Peters. „Attacking and Defending the McEliece Cryptosystem". In: *Post-Quantum Cryptography.* Hrsg. von Johannes Buchmann und Jintai Ding. Berlin, Heidelberg: Springer Berlin Heidelberg, 2008, S. 31–46. ISBN: 978-3-540-88403-3.

[10]   Bastian Brodd. „Hash-basierte Signaturverfahren". Leibniz Universität Hannover, 2019. URL: https://www.thi.uni-hannover.de/fileadmin/thi/abschlussarbeiten/2019/ba_brodd.pdf.

[11]   Johannes Buchmann, Erik Dahmen und Andreas Hülsing. „XMSS - A Practical Forward Secure Signature Scheme Based on Minimal Security Assumptions". In: *Post-Quantum Cryptography.* Hrsg. von Bo-Yin Yang. Berlin, Heidelberg: Springer Berlin Heidelberg, 2011, S. 117–129. ISBN: 978-3-642-25405-5.

[12]   Johannes Buchmann u.a. „On the Security of the Winternitz One-Time Signature Scheme". In: *Progress in Cryptology – AFRICACRYPT 2011.* Hrsg. von Abderrahmane Nitaj und David Pointcheval. Berlin, Heidelberg: Springer Berlin Heidelberg, 2011, S. 363–378. ISBN: 978-3-642-21969-6.

[13]   Cong Chen u.a. *NTRU Algorithm Specifcations And Supporting Documentation.* 2020. URL: https://csrc.nist.gov/CSRC/media/Projects/post-quantum-cryptography/documents/round-3/submissions/NTRU-Round3.zip.

[14]   *Classic McEliece.* 2020. URL: https://classic.mceliece.org/ (besucht am 06.12.2020).

[15]   Joan Daemen und Vincent Rijmen. *AES Proposal: Rijndael.* 1999. URL: http://citeseerx.ist.psu.edu/viewdoc/summary?doi=10.1.1.36.640.

[16]   Erik Dahmen u.a. „Digital Signatures Out of Second-Preimage Resistant Hash Functions". In: *Post-Quantum Cryptography.* Hrsg. von Johannes Buchmann und Jintai Ding. Berlin, Heidelberg: Springer Berlin Heidelberg, 2008, S. 109–123. ISBN: 978-3-540-88403-3.

[17]   Taher ElGamal. „A Public Key Cryptosystem and a Signature Scheme Based on Discrete Logarithms". In: *Advances in Cryptology.* Hrsg. von George Robert Blakley und David Chaum. Berlin, Heidelberg: Springer Berlin Heidelberg, 1985, S. 10–18. ISBN: 978-3-540-39568-3. URL: https://link.springer.com/chapter/10.1007/3-540-39568-7_2.

[18]   J. Faugère u.a. „A distinguisher for high rate McEliece cryptosystems". In: *2011 IEEE Information Theory Workshop.* 2011, S. 282–286. DOI: 10.1109/ITW.2011.6089437.

[19]   Lov K. Grover. „A Fast Quantum Mechanical Algorithm for Database Search". In: *ANNUAL ACM SYMPOSIUM ON THEORY OF COMPUTING.* ACM, 1996, S. 212–219. URL: http://citeseerx.ist.psu.edu/viewdoc/summary?doi=10.1.1.48.9278.

[20] Peter Hauck. „Codierungstheorie". URL: https://www.math.uni-bielefeld.de/~baumeist/Codierungstheorie/hauck-Codierungstheorie-1.pdf.

[21] Jeffrey Hoffstein, Jill Pipher und Joseph H. Silverman. „NTRU: A ring-based public key cryptosystem". In: *Algorithmic Number Theory.* Hrsg. von Joe P. Buhler. Berlin, Heidelberg: Springer Berlin Heidelberg, 1998, S. 267–288. ISBN: 978-3-540-69113-6. URL: https://link.springer.com/chapter/10.1007/BFb0054868.

[22] Intel. *Intel(R) Advanced Encryption Standard Instructions (AES-NI).* 2012. URL: https://software.intel.com/content/www/us/en/develop/articles/intel-advanced-encryption-standard-instructions-aes-ni.html (besucht am 29.11.2020).

[23] D. Johnson, A. Menezes und S. Vanstone. „The Elliptic Curve Digital Signature Algorithm (ECDSA)". In: *International Journal of Information Security* 1 (2001), S. 36–63. URL: https://doi.org/10.1007/s102070100002.

[24] Leslie Lamport. *Constructing Digital Signatures from a One Way Function.* Techn. Ber. CSL-98. This paper was published by IEEE in the Proceedings of HICSS-43 in January, 2010. Okt. 1979. URL: https://www.microsoft.com/en-us/research/publication/constructing-digital-signatures-one-way-function/.

[25] Robert J. McEliece. „A public-Key cryptosystem based on algebraic coding theory". In: *DSN progress report.* 1978, S. 42–44, 114–116.

[26] *Measurements of key-encapsulation mechanisms.* 2020. URL: https://bench.cr.yp.to/results-kem.html (besucht am 22.12.2020).

[27] Alfred J. Menezes, Scott A. Vanstone und Paul C. Van Oorschot. *Handbook of Applied Cryptography.* 1st. USA: CRC Press, Inc., 1996. ISBN: 0849385237.

[28] Ralph C. Merkle. „A Certified Digital Signature". In: *Advances in Cryptology — CRYPTO '89 Proceedings.* Hrsg. von Gilles Brassard. New York, NY: Springer New York, 1990, S. 218–238. ISBN: 978-0-387-34805-6.

[29] Anja Moldenhauer. „Das NTRU-Kryptosystem". Universität Hamburg, 2009. URL: https://www.math.uni-hamburg.de/home/kuehn/moldenhauer-bsc-NTRUKryptosystem-final.pdf.

[30] NIST. *Recommendation for Key Management: Part 1 – General.* 2020. URL: https://csrc.nist.gov/publications/detail/sp/800-57-part-1/rev-5/final.

[31] Jacques Patarin. „Hidden Fields Equations (HFE) and Isomorphisms of Polynomials (IP): Two New Families of Asymmetric Algorithms". In: *Advances in Cryptology — EURO-CRYPT '96.* Hrsg. von Ueli Maurer. Berlin, Heidelberg: Springer Berlin Heidelberg, 1996, S. 33–48. ISBN: 978-3-540-68339-1. URL: https://link.springer.com/chapter/10.1007/3-540-68339-9_4.

[32] R.L. Rivest, A. Shamir und L. Adleman. „A Method for Obtaining Digital Signatures and Public-Key Cryptosystems". In: *Communications of the ACM* 21 (1978), S. 120–126. URL: http://citeseerx.ist.psu.edu/viewdoc/summary?doi=10.1.1.40.5588.

[33] A.A. Sardinas und C.W. Patterson. „A necessary sufficient condition for the unique decomposition of coded messages". In: *IRE Internat. Conv. Rec.* 8 (1953), S. 104–108.

[34] SecuPedia. *Quantencomputer: Signaturverfahren aus Darmstadt könnte bald weltweit Updates absichern.* 2018. URL: https://www.secupedia.info/aktuelles/quantencomputer-signaturverfahren-aus-darmstadt-koennte-bald-weltweit-updates-absichern-10904 (besucht am 26.11.2020).

[35] Peter W. Shor. „Polynomial-Time Algorithms for Prime Factorization and Discrete Logarithms on a Quantum Computer". In: *SIAM Journal on Computing* 26.5 (Okt. 1997), S. 1484–1509. ISSN: 1095-7111. DOI: 10.1137/s0097539795293172. URL: http://dx.doi.org/10.1137/S0097539795293172.

[36] Bundesamt für Sicherheit in der Informationstechnik. *Entwicklungsstand Quantencompu-ter*. 2020. URL: https://www.bsi.bund.de/DE/Publikationen/Studien/Quantencomputer/quantencomputer_node.html (besucht am 15.11.2020).

[37] Bundesamt für Sicherheit in der Informationstechnik. *Migration zu Post-Quanten-Kryptografie*. 2020. URL: https://www.bsi.bund.de/SharedDocs/Downloads/DE/BSI/Krypto/Post-Quanten-Kryptografie.html (besucht am 15.11.2020).

[38] Harshdeep Singh. *Code based Cryptography: Classic McEliece*. 2020. arXiv: 1907.12754 [cs.CR].

[39] National Institute of Standards und Technology. *Post-Quantum Cryptography*. 2016. URL: https://csrc.nist.gov/projects/post-quantum-cryptography (besucht am 17.11.2020).